U0004762

新驛境．鐵道記憶

高雄車站遷移
及鐵路地下化紀念影像集

謝明勳◎著

高雄市立歷史博物館
KAOHSIUNG MUSEUM OF HISTORY

由鐵軌到綠帶
縫合城市、保留記憶

　　120 年前鐵路建設帶動港口發展，奠定年輕城市的發展雛型。隨著城市擴大，貫穿都市的鐵路線限縮了發展幅度，更帶來嚴重的市區交通壅塞問題。1989 年臺北市第一階段鐵路地下化完工，有效疏解市區車潮，遂使高雄鐵路地下化工程成為市民引頸期盼的公共建設。2006 年 1 月，行政院正式核定高雄鐵路地下化工程，全長共約 15.37 公里，並將原有之左營、高雄及鳳山等車站全部納入地下化工程計畫。

　　面對地下化工程完工後，騰空的鐵路路廊該如何運用？早期有用作開發及鋪設高架橋的種種案例，高雄鐵路地下化後的廊道面積約有 6 個中央公園，該如何利用，頗受矚目。在市府積極爭取下，提出了綠廊道計畫，將全線規劃為綠化園道，提供民眾有休憩、展演、廣場、綠地的空間，讓土地從喧囂的交通用地中釋放，變身成貫穿市中心，長達 15 公里少見的城市綠色園道，不僅提供城市最需要的大片綠地，更給予周遭居民廣大的休憩空間。從高空俯瞰，愛河經過市區，加上有綠園道相互輝映，也使得高雄邁向更綠化、宜居的城市發展藍圖。最終，2016 年交通部允諾臺鐵綠園道土地無償提供予市府，城市綠園道的計畫終能落實。

2018 年 10 月 14 日，市區鐵路地下化工程第一階段完工。高雄市府著手處理鐵路地下化後騰出的路廊，並進行城市縫合。首先取消沿線 7 處平交道及 16 處公路立體交叉設施，並陸續拆除及填平橫跨市區的大順陸橋、中華地下道等，直至 2021 年 2 月最後一座穿越鐵路線的中博高架橋拆除後，象徵高雄市區內已無跨越鐵路的立體交叉路廊。地下化工程解決了因平交道所衍生的交通壅塞，亦使交通路網更趨完備，如新庄子路的貫通，不再因鐵路線而阻隔，串聯鐵道兩側生活圈，縫合高雄南北地貌及景觀，達到區域平衡發展。

　　隨著地下化工程的完工及綠園道的設置，有效消除鐵路沿線兩側地區發展阻礙，帶動沿線周邊土地整合利用，營造交通、生態與綠建築環境等諸多效益，然而，城市紋理及景緻也將隨著鐵路地下化後有了翻轉。高雄市立歷史博物館為紀錄鐵路地下化前後城市容貌改變，與謝明勳老師合作共同出版影像集，為百年城市發展留下鐵路地景的記憶。

高雄市立歷史博物館代理館長

見證都市地景的改變

　　高雄市區鐵路地下化通車後，同時新增七座捷運化車站，我每天上下班搭車，也從過去的高雄車站，就近改在民族車站。

　　從地底最深處的民族車站上來，出口階梯外就是以前的臨港線及屏東線鐵路，右手邊的道路，曾是第二階段的屏東線鐵路。往民族陸橋方向走去，機車便橋拆除了，變成寬敞的民族一路。民族陸橋下，曾經舖有四股軌道，從橋孔穿越，西邊原本是高雄檢車段和洗車場，前方的鐵道二街，本來是火車走的地方。

　　每天走在綠園道上，眼前的全新景觀，也漸漸習以為常，當我再從硬碟中看到火車三年前還在同一個地方跑的照片，竟然覺得陌生，「啊！以前是這個樣子呀！」，再仔細比對周圍明顯的地標，才能清楚定位現在的位置。

　　高雄帝冠式車站於 2021 年遷回都市中軸線，再度坐落在中山路的地景端點，陳其邁市長在老站遷移定位典禮致詞：「偉大的城市珍惜過去一起奮鬥打拚的建築跟歷史，代表這個城市是真心對待每一個組成的市民，因此，車站的保留，不僅是保留建築，亦是保留記憶，更重要的是，保留高雄人共同的感情。」

　　都市是有生命的，每天都在變化，習以為常的市街風景，其實隨時都在新陳代謝，構成市民歷史記憶的連續性。

　　近二十年來，隨著數位相機的普及，甚至口袋裡的行動電話也可以隨手拍出好的影像，紙本照片已經不再作為記錄日常生活的媒體，取而代之的是存在手機、電腦硬碟、甚至網站、雲端的電子圖檔。看似紀錄方便、數量龐大，分享容易，卻也一段時間就可能消失無蹤。

依照文化資產保存法，五十年以上的公有建造物及附屬設施，就得要評估文化資產價值，不可隨意拆除消滅。可是每天連續變化的都市地景，可能不到十年，就已經認不出來，甚至永遠消失了。

為了忠實紀錄下都市演變的過程，高雄市立歷史博物館特別提案，將高雄老車站遷移保存及高雄市區鐵路地下化的過程影像，編輯成冊，希望建立核心地景的「當代典藏」。

為了凸顯數位時代的影像紀錄特質，書中所有圖片，全部由數位相機或是附有鏡頭的手機所拍攝，時間介於 2002 年至 2022 年，正好也是高雄老站建築初次遷移，又歸回定位坐落，以及高雄市區鐵路地下化核定動工到切換通車的時間帶。

這二十年來，拍攝的相關影像數量非常多，選擇的標準，以忠實記錄「消失的地景」為原則。例如帝冠式車站移過去，又遷回來的歷程；或是火車行駛在高雄市區地面的風景；高雄機務段、檢車段、鐵路新村拆除前的規模；陸橋、地下道原本的樣子等等。

第一輪挑出兩千多張數位影像，可是受限於篇幅，只能先將鐵路地下化施工過程，以及記錄鐵道營運變遷的照片剔除。如此斷捨離後，第二輪仍然有六百多張，對作者來說，要講的故事太多，實在難以取捨，只好借助王御風、張曉旻、鍾宛君、莊建華等學者委員，從歷史專業及市民觀點，逐一檢視討論，最後決定這二百多張圖片。

至於鐵路地下化施工過程，已消失的地面車站、設施和作業，還有高雄港站、前鎮、草衙、中島等臨港線鐵路地面風景，隨著亞洲新灣區及輕軌的成形，沿線地景也有了極大的變化，希望有機會以續集來呈現。

書中所有的數位影像，印刷出版的同時，也捐贈給高雄市立歷史博物館典藏，希望藉此拋磚引玉，鼓勵大家，隨手記錄我們的都市變遷，留下共同的城市記憶。

謝明勳

目次

Table of Contents

目次

Table of Contents

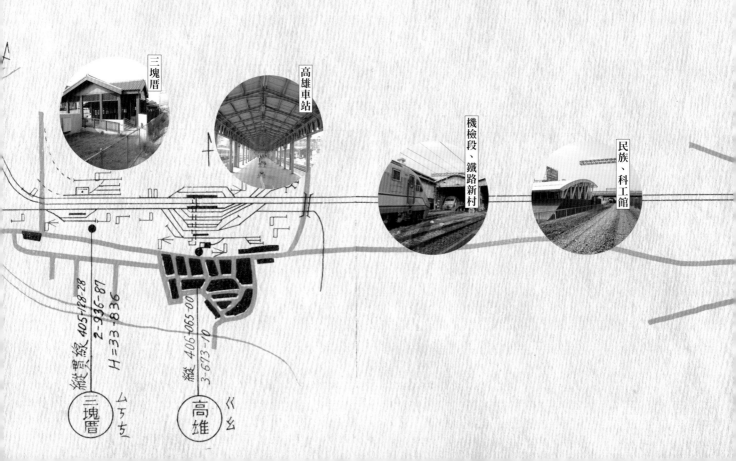

三塊厝　高雄車站　機檢段、鐵路新村　民族、科工館

三塊厝　高雄

縱貫電氣線 405-128-28
2-936-87
H=33-836

縱 406-065-00
3-673-10

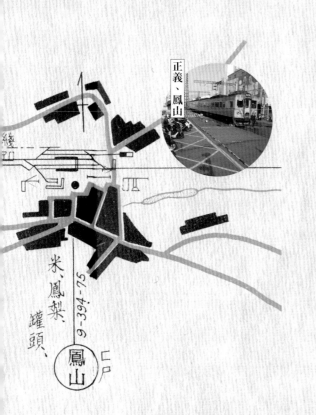

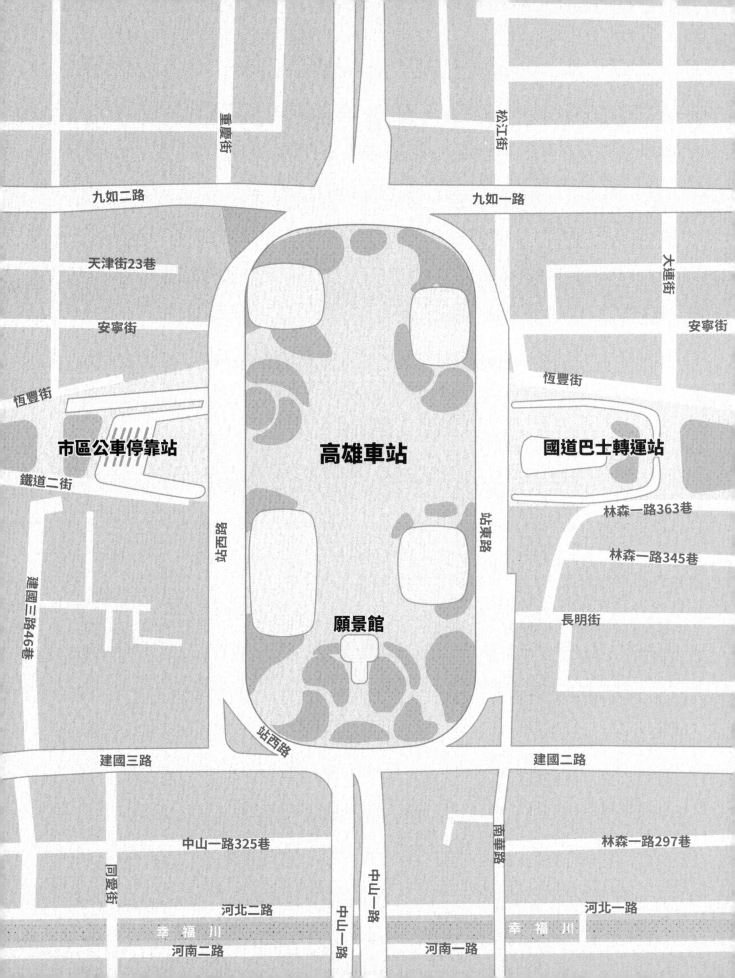

The preservation and moving of the imperial crown-style Kaohsiung Station building

Chaper. 1

高雄帝冠式車站
遷移保存

1940年3月，建於高雄市大港四六三番地（今三民區建國二路與中山一路口）的高雄新驛竣工，1941年6月啟用，成為進出大高雄的新門戶。

高雄新驛設計時，正值日本軍國主義高漲，在中國、朝鮮、及南洋各地積極擴張勢力之際，作為南進基地門戶的高雄新驛，遂於現代鋼筋混凝土結構上，加上散發濃厚東亞民族意象的帝冠式屋頂。

1990年代初期，高雄都會區大眾捷運系統、南北高速鐵路、及高雄都會區鐵路地下化工程，展開實質的評估規劃。其中，高雄車站將是高鐵、臺鐵、捷運「三鐵共構」的主要核心，而且三條路線均採地下隧道的形式進入高雄車站。

由於高雄捷運紅線 R11站，亦即三鐵共構高雄車站，為 BOT 合約之政府應辦事項。為了達成2004年6月 R11臨時站交付鋪軌的時程，交通部地鐵處於 2000年8月，研提「高雄車站配合捷運紅線 R11站預訂時程調整施工方案」，優先進行臺鐵臨時車站新建、帝冠式車站保留及遷移、中博臨時高架橋、捷運紅線隧道及 R11臨時站等工程。

其中帝冠式車站遷移之規模、重量、及工程經費等，均為臺灣國內之最。

帝冠式車站遷移工程，採工期最短、費用最低、風險最小之總掘工法。並局部保留最精華的中央帝冠建築，包含車寄、玄關、由四根獨立柱支撐的挑高大廳、售票房、賣店等部分。保留面積合計約570平方公尺，最大寬約25公尺，縱深約26公尺，重量2,500噸。

這項工程，由1940年當時承建高雄新驛的包商「清水組」在臺子公司吉普營造承攬，頗

有技術傳承一甲子的使命感。2002年3月27日午夜老車站最後的尾班車開出後，隨即熄燈打烊，翌日喬遷臨時車站營業。4月起進行老車站屋瓦拆除保存、地坪開挖、牆體切割保存、移動路徑開挖、耐壓版施作、軌道鋪設、移動裝置安裝等工作。

由於舊站建築只作局部保留，因此在遷移之前，先將西翼原候車室立面，切割為4個單元保存牆；東翼原鐵路餐廳立面，切割為5個單元保存牆。切割後的9塊保存牆面，以鋼架固定，包裝妥當後，吊移至帝冠式車站保存區東側暫存。

不在保留範圍之內的貴賓室馬賽克花磚地坪，也小心翼翼地切割下來，和原始的兩扇木門，暫存高雄市立歷史博物館。未來老站遷回，作為新車站的出入口時，將重新鋪裝在大廳地坪，成為連結歷史記憶的見證。車站後方的月臺雨棚舊軌，則局部拆解後，移至二號運河旁的新興公園，及紅毛港文化園區，重新組立以為紀念。

帝冠式車站的移動過程，先於移動路徑施作厚度25～40公分的承壓版，再鋪設斜向45度的平行鋼軌。在站體下方安裝千斤頂及圓形鋼棒，作為傳遞壓力及往前滾動之用，就好像為站體穿上溜冰鞋一樣。

推力來源為水平油壓千斤頂，由一部電腦同步控制及監測出力狀態，大約6分鐘移動40公分，再將推進千斤頂及鋼棒組裝替換，拆卸走過的鋼軌，並移到前方鋪設，如此重複反覆操作，直到8月29日走完82.6公尺就定位。

帝冠式車站建築2003年8月起，以「高雄願景館」之名開放參觀，2013年11月，再改作「高雄鐵路地下化展示館」。

2018年10月14日高雄市區鐵路下地營運後，陸續拆除原有地面設施，帝冠式車站也準備遷回都市中軸線。

與第一次遷移不同的是，由於地下已有捷運車站、地下停車場等結構物，二次遷移路徑有高有低，還要配合永久位置的高程，不能再採一路平推的「總掘工法」，而必須先將帝冠式車站頂升3.94公尺。接著在老站結構物基礎下方，及移動路徑上，打出一片承壓版，鋪設鋼軌、鋼棒及架設移動裝置，然後北移4.8公尺，鋼軌及移動裝置轉向後，再往西側移57.86公尺，接著分段卸降2.19公尺，完成永久定位，技術上比第一次遷移更為複雜。

2月開始，帝冠式車站建築以每小時8.3公分的速度，展開兩階段頂升作業。3月中博高架橋拆除後，7月26日開始往北移動4.8公尺，8月22日開始往西移動57.86公尺，是日由行政院蘇貞昌院長、交通部王國材部長、高雄市陳其邁市長等主持啟動儀式，並由十九年前第一次遷移表演的左營高中舞蹈班學生，再次拉著紅色彩帶，重現當年歷史場景。

帝冠式車站建築從東往西持續移動，9月中旬，在中山一路上，已經可以看到漸漸冒出來，久違的老車站形體。接下來，老車站建築繼續往都市中軸線逼近。許多高雄的老市民，沿著中山一路北行，看到龐大的老車站，睽違十九年，再度出現在眼前，不禁感動掉淚，並且對高雄市對老車站保存的用心，感到非常驕傲。

9月26日蔡英文總統親臨主持「復位遷移工程挪移座落儀式」。前幾天晚間，先在站體上打上雷射光雕，展示高雄車站的歷史。

陳其邁市長對於老站回歸定錨，表示「偉大的城市珍惜過去一起奮鬥打拼的建築跟歷史，代表這個城市是真心對待每一個組成的市民，因此，車站的保留，不僅是保留建築，亦是保留記憶，更重要的是，保留高雄人共同的感情」，「未來也會有很多人將從高雄車站開始實踐屬於自己的高雄夢，為這塊土地帶來更多的夢想，把高雄從他鄉變故鄉，相信高雄車站的保留、遷移興建，意味著高雄精神從來不是速成，而是淬鍊、專一及打拚，所有高雄市民也會帶著這樣的精神，迎向未來」。

2025年之後，當旅客從中山路建國路口，步上站前廣場，經過紅色鯉魚雕像，這裡曾是有許多鯉魚的打狗川支流「大港庄」。接著走進舊站大廳，穿越1940年帝冠式車站的歷史氛圍，然後從站體北面步出，走下寬廣的大階梯，眼前是國內跨距最大的下沉式廣場，也就是新車站的地下一樓大廳，藉由這樣穿越時空廊道的過程，再次連結市民的歷史記憶與情感，創造新的城市認同與光榮感。

1. 2002 年第一次遷移工程抵達暫置地點，
前方為臺汽高雄東站。

②

③

2. 2002 年第一次遷移由 1940 年新建時的清水組在臺子公
   司傳承施工。總掘工法移動路徑上的牆面畫有距離標尺。
3. 作為高雄鐵路地下化展示館的老車站，前方廣場為原臺
   汽高雄東站。

3. 作為高雄鐵路地下化展示館的老車站，前方廣場為原臺汽高雄東站。

4. 暫置於南華路旁 19 年的帝冠式車站屋頂平臺。

5. 第二次遷移前的大廳鳥瞰。
6. 遷移施工前，移除館內大廳陳設，望見即將拆除的中博高架橋。

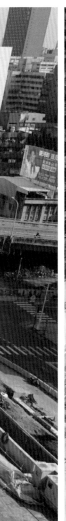

7. 施作永久位址及遷移路徑結構。

8. 以油壓千斤頂同步將站體頂升 3.94 公尺,工人並隨時巡檢千斤頂裝置。

9. 拆除中博高架橋時,特別架設保護牆,以免對緊鄰橋梁的老站造成傷害。

10、11. 老站站體西移至永久位址前,先設置軌道及托架。

12. 從新建高雄車站商辦大樓鳥瞰老站站體往東遷移路徑及站前中山一路、建國二路。

13. 2021 年 9 月中旬，睽違中山一路端景的帝冠式建築，從東邊冒出來，慢慢往都市中軸線移動。

14. 即將移至永久位址的帝冠式建築站體。

15. 露出老站大廳基礎、地樑結構，及後方出口。

16

16. 完成第二次遷移並降下
2.19 公尺，未來將成為高
雄新車站的出入口。左邊
為商辦大樓，右邊為旅館
大樓，後方景觀天棚尚未
施作。

📷 北引道 ① ② ③

原生
植物園

蓮池潭　風景區

文寧街

政德路

📷 崇德路平交道 ① ② ③

崇德路

蓮潭路

勝利路

新庄仔路

左營綠園道

政德路

文智路

華夏路

文萊路

勝利路

城峰路

東門路

翠華路

舊城巷

海光三村

義民巷

至真路

📷 左營車站 ① — ⑫

新莊一路

華夏路

新正路

新勝路

城峰路

果貿三村

裕興路

新樂路

📷 華榮路平交道 ①

翠華路

華榮路

華欣路

南屏路

果隆街

中華一路19巷

華茱路

華豐路

東門路

瑞豐路

華榮路

📷 中華陸橋 ① ②

中華一路

華榮路

華榮路

慶豐街

瑞豐街

華豐街

裕豐街

裕誠街

Zuoying (Jiucheng) Station

Chaper. 2

左營舊城

　　高雄市區鐵路地下化，簡單來說，是將左營至鳳山，長約15公里的西部幹線，切換到地下隧道，將原有的左營、高雄、鳳山三站也改到地下，並增設內惟、美術館、鼓山、三塊厝、民族、科工館、正義等七座地下車站，達成臺鐵捷運化，消除地面平交道、陸橋、地下道，將騰空鐵路用地闢建綠園道及土地開發，縫合一百多年被鐵路切割的都市紋理。

　　1999年11月版本的「高雄都會區鐵路地下化綜合規劃」，起自新左營站以南，止於鳳山站以東，高雄機務段和檢車段遷移至屏東縣六塊厝，臺鐵地下化的同時，高鐵也自左營站延伸進入高雄車站，總經費達1,159億元。

　　不過當時國家財政困難，難以負擔如此龐大的工程計畫，於是2002年5月決定縮小規模，優先辦理高雄站區及前後路段鐵路地下化，至於高鐵自左營延伸至高雄車站部分，在考量政府財務狀況下，列為後續辦理。

　　2006年1月行政院核定的「高雄市區鐵路地下化計畫」，自高雄市立美術館西側的葆禎路起下地，至縣市交界的鳳山正義路回到地面，長約9.75公里。可是，這個範圍的市區道路多已立體化，流量最大的平交道，反而是左營崇德路、華榮路、明誠四路等平交道，尤其崇德路平交道，阻斷時間長，更經常發生重大事故。於是，左營地方民意強烈要求左營鐵路也要納入地下化範圍，一起施工通車。經過反覆檢討審議後，2009年2月行政院進一步核定「高雄市區鐵路地下化延伸左營計畫」，從新左營站南邊下地，至葆禎路銜接原計畫隧道，長約4.13公里，並將左營站改為地下車站，原計畫新建的內惟地面車站，也改為地下車站。

北引道

與高鐵左營站、捷運左營站「三鐵共站」的臺鐵新左營車站，2006年設立，為一地面型車站。高雄市區鐵路地下化工程的起點，從新左營站南端的大中路橋下開始，緊鄰原地面鐵路西側，新建雙線鐵路斜坡引道，漸漸進入地下，在翠華路自行車跨越橋下，正式從地面上消失，隱入地下隧道。

地下鐵路的北引道，西邊緊鄰翠華路、洲仔溼地，東邊鄰近高鐵左營站南拖上線、原生植物園。

1. 左營端北引道口，遠方為新左營站，一列下行光華號從地面線通過，
   開往高雄。
2. 鐵路下地營運後，拆除地面軌道及電車線。
3. 利用新左營站南方拖上線，作為工程及測試列車進出地下鐵路隧道的
   臨時路線。左方為仍在使用中的地面鐵路。

左營在地人習稱「新庄仔路」，為蓮池潭畔的新庄仔路、蓮潭國際會館旁的崇德路、及鐵路西側的翠華路之交會樞紐，鐵路地下化前，是高雄市交通流量最大，最容易壅塞的鐵路平交道。

距離崇德路平交道僅有一百公尺的左營站，也是造成平交道壅塞的主要原因。每當上行區間車進入左營站，即啟動崇德路平交道警報及遮斷機，列車減速停車，站內停靠1分鐘後，再緩緩加速前進，卻也使得崇德路平交道柵欄放下至少4分鐘，如果恰巧又有下行列車到來，那就更久了。這樣的窘境，使得崇德路平交道每天大排長龍，民眾怨聲載道，希望能夠早日將鐵路地下化，消除這個交通死結。

1. 為了縮減崇德路及華榮路平交道遮斷時間，特別設計全臺唯一的「手動閉塞號誌機」。

2、3. 車水馬龍的崇德路平交道

1900 年 11 月縱貫鐵道南部線打狗通車到臺南時，即設「舊城乘降場」，1902年 6 月升等「舊城停車場」，1949 年 6 月改稱「左營車站」。從左營火車站，往南延伸出海軍專用側線，進入桃子園軍港；往北有煉油廠線、建臺水泥線、東南水泥線，貨運功能遠大於客運需求。左營站房面對勝利路，可通往舊城、龜山、左營大路，縱貫鐵路與兩座月臺位於站場西側，東側則有多股貨車停留線，由於貨物列車調車編組進出頻繁，又與縱貫線通過列車交叉，先天條件不良，曾肇生數起重大行車事故。

2006 年 12 月，北邊約一公里處，與高鐵、捷運共站的新左營站啟用，舊的左營站降等為簡易站，由新左營站管理，只停靠區間車。2011 年 3 月配合鐵路地下化工程，先拆除東側的貨物線，騰空用地興建臨時站及鋪設臨時軌，2013 年 3 月19 日左營臨時站啟用，跨站式的設計，方便新莊一路重劃區的民眾進站乘車及跨站通行。原本建於 1968 年的舊站房及第一月臺隨即拆除，進行地下開挖結構工程，興建鐵路隧道、地下站體、及通風井。

新左營站與左營站距離很近，設站當時打算順勢將左營站廢止，但在埤東里居民反對下，遂又決定保留。不過，高鐵左營站及捷運左營站通車後，常有臺鐵轉高鐵的旅客，在左營站匆忙下車，才發現不是高鐵左營站。為了方便民眾轉乘辨識，2018 年 10 月 14 日地下車站啟用同時，正名為「左營（舊城）車站」，除了與高鐵左營站區別，也兼顧左營舊城的歷史脈絡。

鐵路切換下地營運後，地下新站入口位於勝利路南側。為了早日打通勝利路銜接新莊子路，隨即拆除臨時站房天橋、地面鐵路及電車線，但特別保留一段舊月臺及雨棚，成為見證昔日左營火車站的歷史記憶。

1. 正對著勝利路的左營舊站。
2. 左營舊站（北往南看）。

3. 左營舊站剪票口，公告 101 年 10 月 25 日改在第二月臺乘車。

4. 左營舊站與興建中的臨時站房。

5. 下行電車停靠左營站第二月臺。

6

7

6. 臨時站啟用後，後站民眾首度可以藉由跨站站房到左營站搭車，
   並前往翠華路。目前此處已是新莊路打通勝利路。

7. 左營舊站拆除（1968～2013）。

8. 左營站地面月臺、上行莒光號，與尚未完工的新車站出入口。鐵
   路下地，拆除地面軌道後，前方廣場目前已是勝利路打通新莊路。

9. 下地前夕的左營地面月臺及臨時站房。這裡現在打通為勝利路銜接新莊路。

10. 拆除左營臨時站及軌道,特地保留一段月臺雨棚作為紀念。

11. 從拆除中的臨時站房,望向勝利路、新莊路尚未闢建前的臨時人行通道。

12. 鐵路下地前 2 天,提前實施新增地下七站的新時刻表,所以這兩天電車在左營站停車時間,
從本來的 30 秒,「拖時間」到 3 ～ 4 分鐘才開車。

原本從舊城東門出城後，設有一處東門路平交道，也就是清代「雙城古道」的起點，後來因東門路狹窄，封閉東門路平交道，改設南邊的華榮路平交道。華榮路平交道交通流量也是很大，加上西側緊鄰翠華路，縱深只有短短十幾公尺，車流很容易回堵翠華路，相當危險。

1. 鐵路下地後，拆除電車線的工程車通過已經失效的華榮路平交道，卻是地面火車的最後身影。

左營地下道／中華陸橋

中華路是高雄市南北向主要幹道，起點位於舊城南門，早期以平交道跨過縱貫鐵路，後來興建左營地下道，及銜接中華一路與翠華路的弧形陸橋，形成特殊的都市景觀，也是高雄市的重要交通節點。

由於左營鐵路地下化核定時間較晚，加上中華一路立體交叉結構複雜，此處是高雄市區鐵路地下隧道最後貫通、接軌的地點。2016年5月起，配合地下鐵路隧道結構施工，開始封閉左營地下道，施工期間遭遇圖面上沒有的陸橋舊基樁結構，克服許多困難後，一直到2018年1月才恢復地下道通行。

2018年10月鐵路地下化通車後，左營地下道已無存在必要，遂於2019年4月17日開始將長460公尺，深7公尺的地下道填平，5月27日先行恢復平面通行，從此不再有淹水封閉之苦。

1. 封閉拆除前的左營地下道（中華一路）。

2. 從內惟北望左營高架橋、下行莒光號及遠方的左營站。

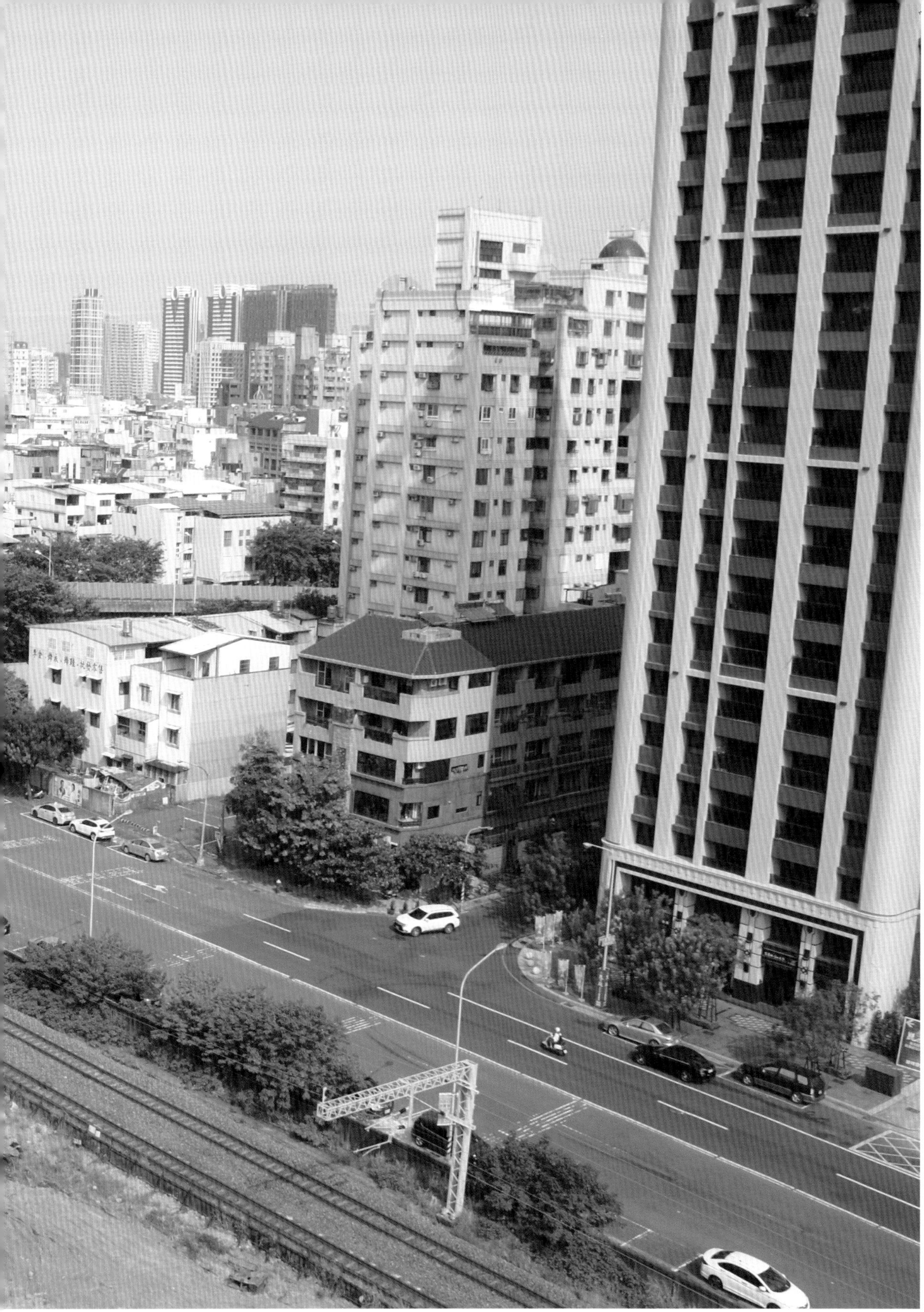

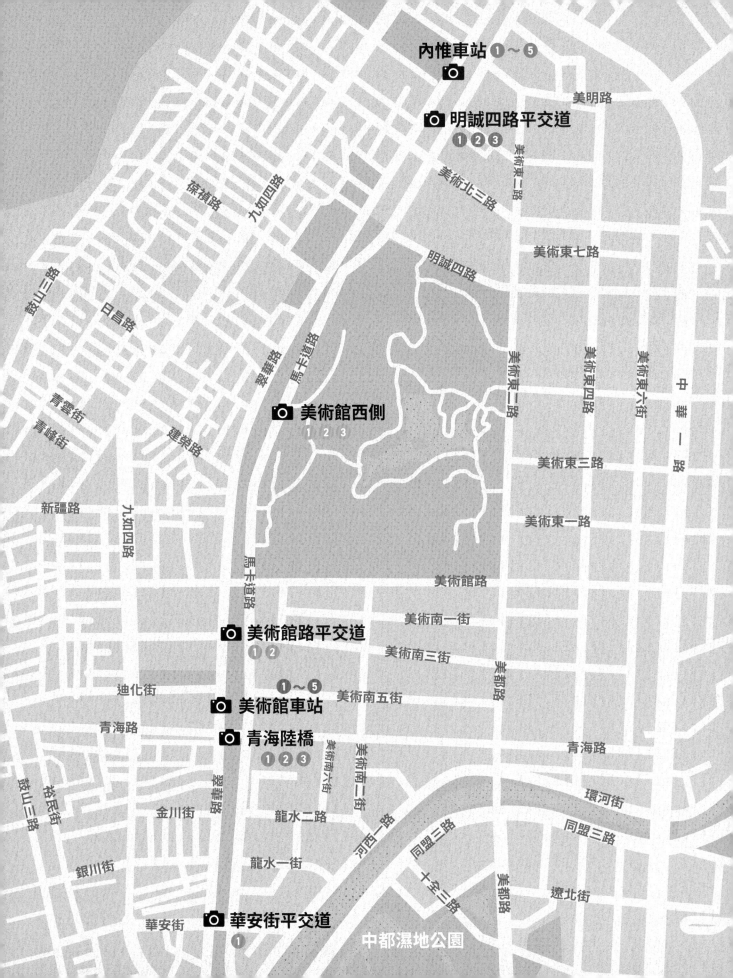

內惟車站 ❶～❺ 📷

📷 明誠四路平交道
①②③

美明路

美術東七路

美術北三路

美術東六街

中華一路

明誠四路

美術東四路

葆禎路

九如四路

美術東二路

翠華路

鼓山三路

日昌路

馬卡道路

📷 美術館西側
①②③

美術東三路

青海街

鳥峰街

建業路

美術東一路

新疆路

九如四路

美術館路

美術南一街

美術館路平交道 📷
①②

美術南三街

迪化街

馬卡道路

美術都路

❶～❺

美術南五街

青海路

📷 美術館車站

美都路

📷 青海陸橋
①②③

青海路

裕民街

翠華路

美術南六街

美術南二街

環河街

鼓山三路

金川街

龍水二路

同盟三路

同盟三路

銀川街

龍水一街

河西一路

十全三路

美都路

遼北街

📷 華安街平交道
①

華安街

中都濕地公園

Chaper. 3

內惟、美術館

　　2018 年 10 月鐵路地下化同時啟用的內惟車站,其實曾於 1953 年設置不派站員的招呼站,月臺短短的,只於通勤時段停靠汽油車,但為期不長。

　　2006 年 1 月核定的「高雄市區鐵路地下化計畫」,過了葆禎路以南才進入地下,因此規劃新設的內惟站,是一座地面通勤車站,有天橋銜接兩邊月臺。不過 2009 年 2 月通過地下化延伸至左營後,內惟站也順勢改為地下車站。

　　內惟站西側為翠華路及前峰國宅公園,東側緊鄰馬卡道路／美明路段,整排新建的高樓住宅是這裏特別的景觀。鐵路拆除騰空後,種植花卉園藝,成為串聯左營、美術館的綠園道。

1. 鐵路地下化開工前，從南往北看，自強號的位置為內惟車站預定地。

2. 上行莒光號通過即將啟用的內惟車站地面出入口。

3. 緊鄰馬卡道路的下行自強號，快速通過即將啟用的內惟站。

4. 莒光號列車經過新建大樓林立的美明路／馬卡道路口。

5. 鐵路下地前夕,自強號沿著馬卡道路開往高雄站。前方為
   即將啟用的內惟車站地面出入口,遠方為高雄市立美術館。

5

明誠四路為美術館園區北界,是通往內惟柴山的主要道路,車流量相當大。平交道以西路段,為逢甲路。平交道南邊的內惟埤公園、葆禎路,即為原先規劃的鐵路地下化起點。

1. 鐵路地下化開工前，從北往南看，馬卡道路（左）、翠華路（右）、明誠四路平交道。

2. 上班時間的明誠四路平交道（馬卡道路側）。

3. 明誠四路平交道（翠華路／逢甲路側）。

在美術館尚未興建以前，1900年最早的縱貫鐵道，即沿著內惟埤西側，轉了一個弧彎，這樣的地景，也跟著1990年美術館及經國文化園區的興建，而保留下來。鐵路地下化規劃的時候，曾打算鐵路從地面上騰空後，也廢除馬卡道路，成為大美術館園區的一部分，並引進蓮池潭活水，在鐵路隧道上方闢建「清溪川」親水空間，後因蓮池潭水位與愛河鼓山段高差問題而作罷。2018年10月鐵路下地後，馬卡道路西移到寬廣的綠園道中央，配合地景刻意蜿蜒設計，另在兒童美術館旁新建內惟藝術中心。

1. 鐵路地下化動工前，從美術館路望向內惟舊部落，葆禎路為原定的鐵路地下化北端起點。

2. 下行光華號通過兒童美術館外，地下鐵路隧道上方已經回填完成。

3. 鐵路下地前2天，先行啟用地下新線時刻表，電車經過馬卡道路時，也提前顯示未來的「內惟站」和「美術館站」，罕見有趣的畫面。

美術館路為美術館園區南界。過了平交道後，為西藏路，旁邊就是大榮高中。

　　美術館路以南，以迄臺鐵高雄港站，地面上的鐵路拆除後，騰空路廊，改建為環狀輕軌，並在昔日美術館路平交道，向東轉九十度，沿著美術館園區南邊，繼續通往愛河之心站，2022 年 10 月開始營運。

1. 美術館路平交道（翠華路／西藏路側），目前此處已是輕軌轉入美術館路的彎道。

2. 為了將地下鐵路材料送進隧道內施工，在美術館路平交道北邊設置臨時的「投入口」，可以捕抓到地面上的火車與地底下的鐵路同時並存的有趣畫面。

美術館車站

美術館站南口緊鄰原青海陸橋，北口距離美術館路尚有 200 公尺，會設站於此，是因為鐵路地下化、捷運化後，新左營至高雄間長達 9 公里，插入左營舊城、內惟、美術館、鼓山、三塊厝等 5 站，站站停的慢車從高雄站或新左營站開出後，必須間隔 12 分鐘才能續開快車，若在中間的美術館站鋪設 4 股道 2 島式月臺，則可供慢車避讓快車，發車時隔可縮短為 7 分，對提升運轉效率有很大的幫助。

由於美術館站南北兩端均設有道岔，而道岔避免鋪設於曲線附近，使得美術館站位址必須南移，而沒有辦法緊鄰美術館平交道。

此外，美術館站也是十處地下車站中，距離地表最近的車站。這是因為原先的（葆禎路）規劃，路線通過美術館站，就準備要爬上引道鑽出地面了，也因此美術館站設計以大草坡及玻璃帷幕冒出地表，擁有通透的大廳，從地面下階梯，很快就可以抵達月臺了。

緊鄰美術館站東側，原本的鐵路軌道拆除後，改鋪環狀輕軌，2021 年 12 月輕軌通車，並於 2022 年 2 月臺灣燈會期間，扮演臺鐵轉乘輕軌往返愛河燈區的重責大任。

1. 從青海陸橋下由南往北看，左邊底下正在施工的是美術館車站地下月臺層墩柱。

2

2. 從美術館車站地下工地往上看，正好一列莒光號從上方
（青海陸橋）通過。

3. 上行「行李包裹列車」通過正在澆築混凝土的美術館站工地。火車所在的地方，現在已經是輕軌車站。

4. 站在青海陸橋上北望，一列下行電車正經過鋼構施工中的美術館車站。

5. 下地前夕，上行自強號通過美術館站，映照在新車站的玻璃帷幕上。

青海陸橋

連通中華一路與鼓山三路的青海路，雖然不長，但路面寬敞，在美術館重劃區開發前，兩側還只有合板工廠及儲木池時，顯得不太尋常。

青海陸橋緊鄰臺鐵美術館車站，鐵路地下化動工之初，原本打算先將交通量不大的青海陸橋拆除，好施作美術館地下車站及隧道連續壁，以鄰近的美術館路平交道及華安街替代通行，這時才知道青海路為大型聯結車指定道路，必須維持陸橋通行。所以鐵路地下化施工時，只好以「托底工法」將橋墩荷重移轉到臨時結構，再於橋下進行連續壁施工。鐵路下地營運後，青海陸橋是最早拆除的陸橋，2019 年 2 月 16 日開始拆除，3 月 14 日恢復平面通行。

1. 鐵路地下化動工前，近方為青海陸橋，美術館站預定地，遠方為九如陸橋。

2. 從青海陸橋上往北拍攝，從左到右，大榮高中、興建中的美術館站、地面鐵路上的電力機車、馬卡道路。

3. 臺鐵下地營運後，拆除青海陸橋及地面軌道後，改作為輕軌路線及車站施工中。

華安街平交道

昔日鐵路東側密布水塘，高雄港進口的原木串成一排，由駁船沿著愛河拉到這裡多家合板工廠，為臺灣 1970 年代重要產業。目前華安街北邊，尚留存一排林商號倉庫，見證已經消失的地景。

1. 臨時軌階段（騰空左邊的舊鐵路以便開挖興建隧道）的華安街平交道。北上火車司機的視角。

Gushan Station

Chaper. 4

鼓山車站

九如陸橋

東西向的九如三路，到了愛河，北轉成為九如四路，進入北鼓山及內惟聚落。為了跨越縱貫鐵路及愛河，九如陸橋相當長，而且橋梁線型也是彎的。

九如陸橋下，現有環狀輕軌穿越，北邊設有輕軌馬卡道站，南邊則為輕軌馬卡道駐車場。雖然鐵路已經消失，但九如陸橋跨越愛河，如果拆除，也必須改建平面橋梁跨越愛河。目前橋樑安全檢測尚非危橋，故暫予保留，留待未來再配合都市景觀檢討是否改建。

1 **2**

3

1. 從南往北看，高雄港站開來的貨物列車在鼓山站調度。遠方為九如陸橋，左邊摩托車正經過鹽田溪橋。
2. 從九如陸橋望向愛河。下方是早晨開往臨港線高雄機廠的員工通勤列車。
3. 從九如陸橋南眺。鐵路下地後，該處已是輕軌路線及馬卡道駐車場。

鼓山車站

一般高雄市民對鼓山車站感到陌生，因為它不辦客運，旅客列車不停靠，時刻表上也看不到鼓山站。鼓山車站不在人來人往的鼓山二路上，而是躲在巷子裡的鐵路街 3 號。1929 年 10 月為了淺野水泥工場（今臺灣水泥公司鼓山廠）開採石灰岩，運送水泥成品，而在此開設田町驛。1950 年 4 月改名鼓山站。

鼓山站是貨運專用車站，也是往北至左營，往南至高雄港站，往東至高雄、屏東的貨物列車轉運樞紐。縱貫鐵路正線從東側通過，西側則有多條貨物線，可供調車進入臺泥鼓山廠。

鼓山車站辦公室原本是木造站房，但已於 1983 年停辦零擔貨物後，先一步拆除。後來的「鼓山車站」燈箱招牌兩層樓水泥建築，則是行車控制室，站長在二樓操作構內控制盤，類似塔臺及號誌樓的功能。

1

1. 從行車控制室往南瞭望鼓山車站。
2. 從鼓山站南下（舊縱貫線）開往高雄港站的光華號。左邊的彎道是經愛河鐵橋，通往高雄站的新縱貫線及小運轉線。

②

③

3. 行車控制室。

4. 從縱貫線光華號車窗所見鼓山車站構內舊倉庫。

5. 配合鐵路地下化施工，開始拆除電車線及站內軌道。

6. 上行電車與鼓岩國小人行天橋。左邊的舊線已經拆除，正在施作地下鐵路隧道連續壁。

7. 下行電車經過鼓岩國小，右邊通往高雄港站的路線已經拆除，交付輕軌工程。

8. 下行油罐列車通過圍籬後方，即將啟用的新鼓山車站，遠方壽山建築是元亨寺。

9. 開往臺東的莒光號經過壽山山腳下的鼓岩國小

　　鼓山站構內，還有一條古老的運河「鹽田溪」經過，是連結臺泥工廠與愛河的水路，構內好幾條路線，均架設鈑樑，跨越鹽田溪。

　　1941 年 6 月配合高雄新驛啟用，新舊縱貫線也在此分岐，新的縱貫線向東轉九十度，並爬上一段引道，準備通過愛河鐵橋，經三塊厝，前往新的高雄驛。

1. 尚未整治前的鹽田溪，曾經是淺野水泥會社工場接駁高雄川（今愛河）的要道。

2. 鹽田溪橋。

3. 下地前夕的上行莒光號，通過鹽田運河。遠方兩支煙囪為國定古蹟中都磚窯廠。

③

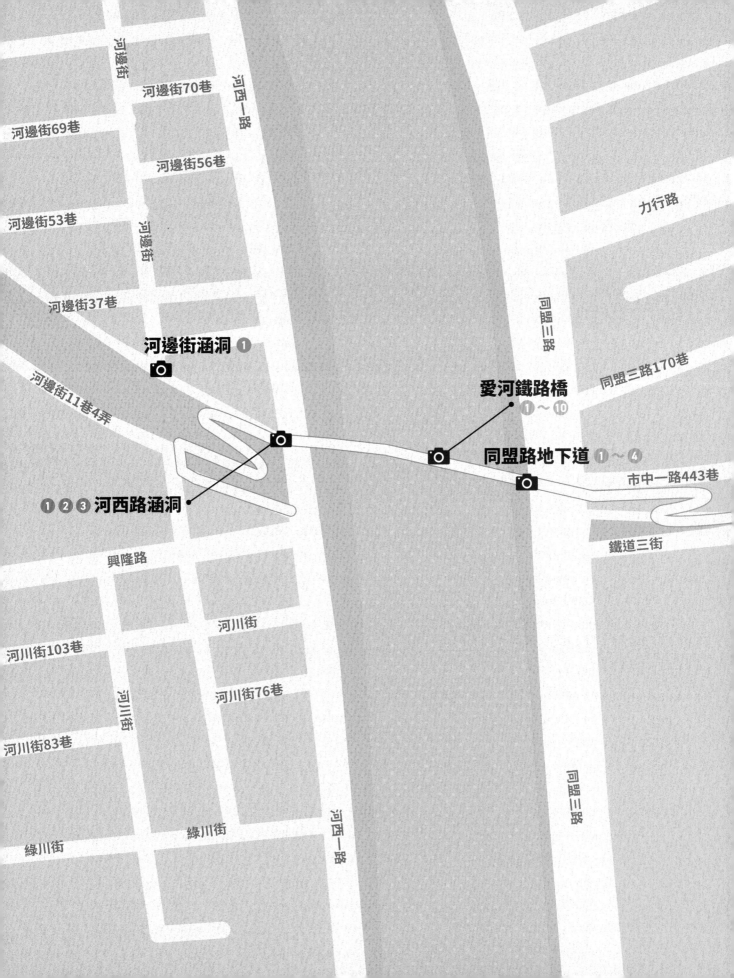

河邊街69巷

河邊街70巷

河邊街

河西一路

河邊街56巷

河邊街53巷

力行路

河邊街37巷

同盟三路

河邊街涵洞 **①**

📷

同盟三路170巷

河邊街11巷4弄

愛河鐵路橋
①～**⑩**

📷

同盟路地下道 **①**～**④**

📷

①②③ 河西路涵洞

市中一路443巷

📷

興隆路

鐵道三街

河川街

河川街103巷

河川街76巷

河川街

河川街83巷

綠川街

河西一路

綠川街

同盟三路

Love River Bridge

Chaper. 5

愛河鐵橋

河邊街涵洞

愛河鐵路橋跨越愛河水面，設計得比兩岸更高，為了銜接橋面最高點，兩岸必須填築一段路堤，讓火車爬上鐵路橋。狹窄的河邊街，就正好利用路堤下的小涵洞，從底下穿越鐵路。

火車轟隆轟隆從狹窄的巷弄上空穿越，營造別有風情的街景，也是許多火車迷喜愛取景的秘境。

鐵路地下化通車後，開始挖除愛河兩岸的高路堤，這才發現裏頭是雪白的石灰岩，應該是 1940 年從柴山就近取材運來填築的。

1. 自強號轟隆轟隆通過河邊街涵洞，是小巷弄日常的風景。

河西路涵洞

　　鐵路上橋之前，先從河西路上方跨越，南邊即為興隆路。河西路涵洞限高 2.8 公尺，2017 年曾有陸客團遊覽車行經此處，司機未注意車頂超高，被鐵路結構削去一層皮，多人受傷，整輛車卡在涵洞進退不得。鐵路地下化後，2019 年 10 月拆除涵洞後，也就不再擔心遊覽車會撞到頭頂了。

1

2

1、2. 列車從上方通過愛河鐵橋，是興隆路／河西一路傳統的風景。

| 3. 河西路鐵路涵洞，限高只有 2.8 米。

愛河鐵路橋

 1. 愛河舊鐵路橋原貌（下游側）。

2. 愛河鐵路橋的正式名稱是「高雄橋」，橋臺牆壁上寫著曲線半徑 400 公尺。

3. 從舊鐵路橋眺望愛河上游。

4. 火車上橋前的大彎道，是八十年來共同的車窗記憶。

5. 從高雄站開出的莒光號，通過愛河鐵路橋，一旁正舉行愛河臨時橋開工典禮。

6. 舊橋的北側，開始興建新的臨時橋。

7. 臨時軌東正線切換到新橋上，西正線仍走舊橋的階段。

8. 大型起重機藉著平板船，將舊橋鋼板樑一節一節拆除吊離。

9. 左邊的新橋切換啟用，右邊的舊橋功成身退，正在拆除。

10. 火車切換改走新橋後，舊橋拆除，築起圍堰抽乾河水，進行河底鐵路隧道施工。

愛河的東岸是臺電電力維護處南部分處及「三民一次配電變電所」，曾是1922年的高雄第二火力發電所。同盟路穿越鐵路下方，原稱「三塊厝陸橋」，後來改稱「同盟路地道」。該處因淨空不足，路面必須往下降，遇雨經常淹水無法通行。鐵路地下化後，2019年11月底先拆除鐵路結構物，2021年4月再將整段路面填平。

1. 同盟路地下道的原來名稱是三塊厝陸橋
2. 愛河鐵路橋引道，高於旁邊的民宅。
3. 同盟路地下道，從北往南看。
4. 上行復興號通過同盟路地下道上方，行經愛河鐵路橋，旁邊吊車正在築造新橋基樁。

Chaper. **6**

三塊厝

愛河鐵路橋東岸延伸約 300 公尺長的路堤段，市中一路就從涵洞下穿越鐵路。南邊的中庸街 105 巷，則是昔日的屏東線鐵路遺跡。

鐵路下地後，2019 年 10 月拆除市中路涵洞，挖除原來鐵路路堤，恢復為平面道路，景觀煥然一新。市中路西邊新建自行車引道，可以爬上斜光橋，東邊則為「鐵道三街」綠園道，通往三塊厝及高雄車站。

1. 市中一路涵洞，從南往北看。

中庸街平交道

　　本來中庸街曾經有平交道穿越鐵路，並有一條 200 公尺長的側線通往泰成麵粉廠（1973 年），這條側線 1990 年拆除後，中庸街也隨之封閉，一直到鐵路下地營運三個月後，才又於 2019 年 1 月打通恢復南北往來，並且是鐵路地下化後，最早「都市縫合」打通的一條捷徑。

2　| 2. 下行莒光號與市中一路。

3. 施做臨時軌工程的日本製 KAWAI「路軌兩用車」通過市中一路涵洞，模樣可愛。

4

4. 從高雄站開來的上行列車，改走臨時軌，準備上愛河鐵路橋。

在三鳳中街附近的中華路，是高雄市區相當重要的南北幹道，原來是中華路平交道，隨著交通流量愈來愈大，1971 年興建四線快車道，二線機車道的「中華地下道」。

將近五十年使用期間，中華地下道多次因貨櫃車撞擊，扯斷門型限高架，中斷交通，或豪雨積水無法通行，登上新聞版面。中華地下道長期切割三德西路、三鳳中街人車來往，2018 年 10 月鐵路地下化後，2020 年 3 月以大量混凝土填平地下道，恢復平面道路通行。

1. 從南往北看，中華地下道／建國三路口。

2. 從建國三路口往北看，右邊是三鳳中街入口。

3. 火車下地後，中華地下道尚未填平前，前往三塊厝車站的臨時便道。

1908 年 2 月鳳山支線打狗、鳳山間，設「三塊厝乘降場」，1915 年升等為「三塊厝停車場」。在 1941 年 6 月高雄新驛啟用前，高雄中學的通學生都必須在三塊厝驛搭乘火車，回到鳳山、九曲堂、屏東，或前往高雄驛（哈瑪星），再轉縱貫線北上。高雄新驛啟用後，三塊厝驛仍算是潮州線的車站，縱貫線列車並不停靠。戰後初期三塊厝車站只停靠「屏東 - 高雄 - 高雄港 - 臺南」短程汽油車，1961 年汽油車停駛後，僅剩貨運業務，北邊為鳳梨罐頭工廠，另延伸一條支線通往中都磚窯廠，今中華橫路為其舊線跡。1986 年 9 月三塊厝停辦貨運，同時廢站。1995 年屏東線跨越愛河的川端橋，及壽山、三塊厝間鐵軌拆除，三塊厝改作高雄工務段的木工房、號誌工房、砸道車庫等。

由於三塊厝站房為高雄市區僅存的木造火車站，2004 年登錄為市定古蹟，2008 年古蹟本體因風吹雨淋崩塌，2012 年以新料修復完成。

鐵路地下化後，新的三塊厝車站，為了呼應旁邊的舊站建築風格，特別設計為斜屋瓦木造車站，但木構材依最新建築法規，可耐燃達六小時。

1. 市定古蹟三塊厝車站尚未修復前的樣貌，作為道班工具間及休息室。
2. 三塊厝站的舊路線。
3. 從三民國小望向三塊厝舊部落，三德西街被中華地下道切割，鐵路旁的罐頭工廠建築仍然健在，空地租給統聯客運做停車場。

4. 從東往西看，左
   邊是三塊厝車站
   及原本路線，右
   邊是即將切換通
   行的臨時軌。

5. 自立一路 161 巷
   與鐵路後方的德
   北公園。

6. 下行莒光號從尚
   未啟用的新建三
   塊厝車站出入口
   旁經過，鐵路下
   地後成為鐵道三
   街綠園道，旁邊
   的罐頭工廠空地
   也蓋起了高樓。

7. 火車下地前夕，
   與地下化車站同
   框的有趣畫面。

自立陸橋

自立路為高雄市區南北穿越鐵路重要幹道，早期為平交道，1977 年新建自立陸橋，橋下並有人行及腳踏車地下道，因緊鄰雄中西側門，是許多學生上學及放學的回憶。

自立陸橋南段橋下空間，曾群聚多家五金專業商店，頗具地方產業特色。北段橋下也有賣生魚片、生啤酒的小吃攤。

自立陸橋原先列為鐵路地下化後，首批拆除的對象，但因接近市長選舉，延至 2019 年 2 月 28 日才開始拆除，3 月 22 日恢復平面道路通行。

1. 南段橋下的五金行聚落。
3. 橋下的五金商場與後方的雄中校園。

4

5

4. 鐵路切換下地當晚最後的地面列車身影。

5. 火車進入地下行駛後，開始拆除地面鐵軌，接下來才能拆除自立陸橋。

6. 自立陸橋建國三路口。
7. 自立陸橋九如二路口。

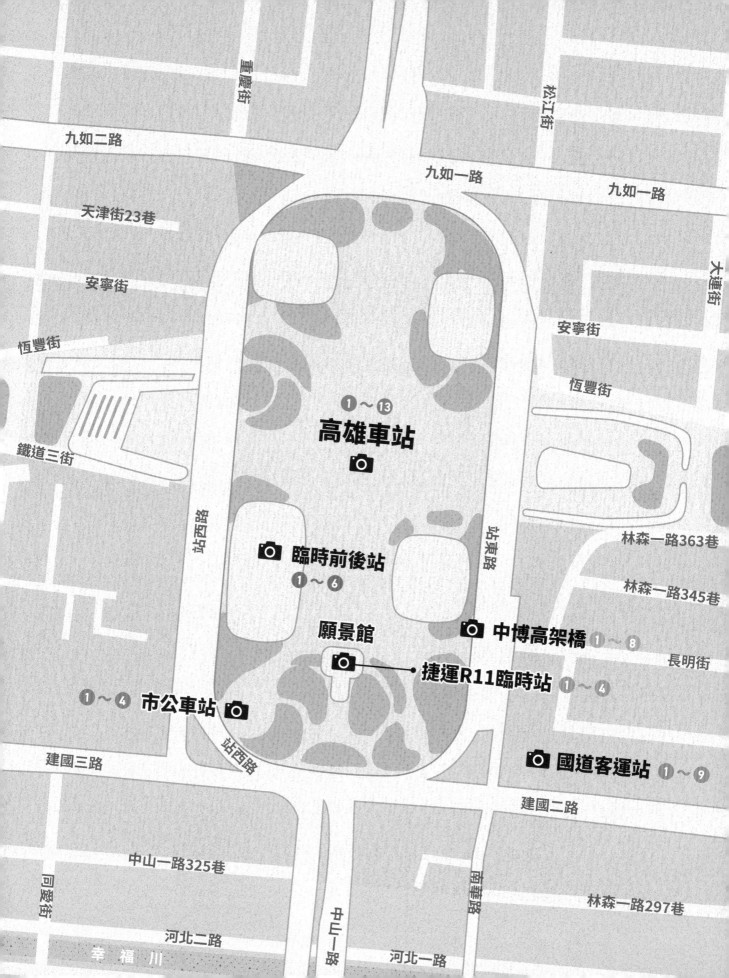

Kaohsiung
Main Station

Chaper. 7

高雄車站

　　雖然高雄市區鐵路地下化工程範圍，自左營至鳳山，長 15 公里，但位處市中心，三鐵共構的「高雄車站」，因涉及老車站遷移、新車站設計審議、臺鐵列車調度移轉、捷運車站隧道、預留高鐵空間、中博地下道、中博高架橋、市公車站、國道客運站、站區重劃更新開發等配合工作，各項介面非常複雜，施工期程甚至超過二十年，眾所矚目，洞見觀瞻，是全部計畫的重中之重。

　　原本的高雄驛位於今之哈瑪星，因為舊市街飽和發展受限，配合新高雄市都市計畫，於大港現址，新建高雄新驛，縱貫鐵路也配合改道，並於 1941 年 6 月正式啟用。隨著後驛一帶都市重劃，人口漸增，1971 年再增建高雄後站。1987 年，穿越高雄車站下方的中山地下道通車，更促成凹子底副都心及巨蛋一帶重劃區快速發展，新建大樓林立。

　　1979 年 7 月，高雄市升格院轄市的同時，配合十大建設西部幹線鐵路電氣化，高雄車站、及東側的調車場、機務段、檢車段也重新配置，這樣的格局，大致維持到 2015 年 10 月高雄機檢段搬遷潮州為止，前後歷時 36 年。

臨時前後站 ― 中博高架橋 ― 捷運 R11 臨時站 ―
半邊營運半邊施工 ― 市公車站 ― 國道客運站

1. 大吊車開上月臺，鑽掘施作中博高架橋深基樁。
2. 第二月臺。
3. 月臺上的磁鐵式時刻表看板。
4. 站前郵局旁邊的寄車處。

5. 行包列車停靠小月臺裝卸摩托車。

6. 第三月臺上,部隊放假歸心似箭的阿兵哥。

7. 開始改建的第三月臺。

8. 第一月臺。

9. 月臺上便利商店。

8

9

10. 2011 年 3 月起，高雄車站以南半邊營運，拆除北邊路線及月臺，準備興建捷運地下四層永久月臺，北邊新鋪第 15 股，做為機迴線使用。

11. 鐵路下地營運後，地面上的第四月臺開始拆除。

12. 地下站體深開挖。

13. 第二階段進行後站地下工程，可以見到博愛路九如路底下的中博地下道遺構。

2018 年 10 月 14 日地下化的高雄新車站啟用，人山人海。

2002 年之後，高雄火車站及周邊地區，迎來六十多年來最大的改變。

首先是配合高雄捷運紅線 R11 臨時站工程，開始辦理「高雄車站先期工程」，包括新建臨時前後站、保留遷移帝冠式車站建築、新建中博臨時高架橋、以及捷運臨時站和潛盾隧道等。

2002 年 3 月 28 先啟用臨時前站、後站、及跨站天橋。功成身退的帝冠式建築老車站，則於 8 月 16 日開始往東南方向移動，8 月 29 日抵達國光客運高雄東站後方。

2018 年 10 月 14 日起，臺鐵旅客改至新的地下車站乘車，臨時前站於 12 月拆除，但地面鐵路設施拆除期間，臨時後站及天橋仍作為人行通道繼續使用，直到 2019 年 2 月為止，臨時車站前後使用超過十六年，卻也已經成為許多人的歷史記憶了。

1

▌ 1. 高雄車站臨時站前站

2. 連接臨時前後站的人行天橋，距離非常長。

3. 臨時前站，從三樓天橋剪票口下去一樓的階梯，二樓的麥當勞，
   唯一設在火車站中的一家。

4. 臨時後站一樓大廳。

5. 捷運臨時站出入口旁的小廣場。

6. 臨時車站拆除中。

中博高架橋

　　取代中山地下道，連結前站中山一路，與後驛博愛一路的「中博臨時高架橋」，於 2003 年 5 月 5 日通車啟用。長達 840 公尺的龐大量體，從建國二路、九如二路上空飛越，跨過高雄車站區五座月臺，十六條軌道，及緊鄰帝冠式建築屋頂，是近十八年來許多高雄市民日常生活的記憶。

　　本來鐵路切換下地營運後，就要開始拆除中博臨時高架橋，但因中博早已成為南北交通動脈，拆除施工影響交通茲事體大，經過兩年多，仍未能獲准拆除，連帶影響帝冠式老車站遷回及後續旅館大樓、地下站體工程的時程。

　　2021 年 2 月 27 日至 3 月 8 日，以九天的時間，日夜趕工拆完南北兩端橋段，重新整平中山一路、博愛一路，並開通站西路，高雄前後站八十年來首度得以平面通行。

1

1. 臨時前站汽機車道入口，中博高架橋正在興建墩柱。

2. 左邊的中博高架橋即將完工啟用，中間是中博地下道引道口。

3. 由南往北看。

4. 中博高架橋中山一路端。

5
6

5. 所有重機具總動員，以人海戰術拆除中博高架橋南端引道，煙塵瀰漫。

6、7. 中博高架橋南端引道拆除作業。

8. 吊離鋼樑，九如二路側。

捷運 R11 臨時站

受限於高雄火車站施工空間限制，臺鐵站區必須配合分階段切換，捷運紅線穿越高雄車站下方的隧道，因為無法進行大開挖，只能採用潛盾機，在地底默默地挖出兩條弧形隧道。2008 年 3 月 9 日捷運紅線通車啟用時，只能暫時利用前站的臨時出入口，及僅供三節車廂停靠的臨時月臺。這項因高雄車站臨時月臺長度限制，不得不發明的三節型態，卻成為高雄捷運後來營運的共同標準。

2012 年 5 月，高雄火車站經過換心手術，將營運月臺從南側，切換到北邊後，隨即進行南側地下四層的捷運永久站開挖施工，2014 年永久捷運隧道完成後，11 月 29 日切換到永久上行線，12 月 13 日切換永久下行線。

位於中博高架橋下方的捷運臨時出入口、售票大廳、及只能容納三節車廂的臨時月臺，2018 年 9 月 4 日功成身退。9 月 5 日起，捷運乘客改由新建的高雄車站地下一層廣場，進出地下四層的捷運永久月臺乘車，雖然永久月臺已延長為六車長度，但仍以三車營運。

1. 這部潛盾機，即將鑽掘穿越高雄車站底下的捷運紅線臨時隧道。
2. 捷運 R11 臨時站出入口。

3. 捷運 R11 臨時車站只能容納三節車廂的月臺，最後的倒數計時。

4. 捷運 R11 臨時車站地下穿堂層，通往月臺的階梯。

半邊營運半邊施工

高雄車站作為縱貫線及屏東線的起迄點，原來使用小月臺（1B）、第二月臺（2A ／ 2B）、第三月臺（3A ／ 3B）、第四月臺（4A ／ 4B）等七個月臺面，供列車停靠旅客上下。開始著手進行地下化工程開挖時，必須分階段拆除部分月臺及路線，如何維持每日列車正常營運，又要騰出一半的站場空間施工，是規劃高雄臨時站場最大的挑戰。首先配合小月臺停用改建，將原來在高雄站起迄折返的南迴線莒光號、自強號，及枋寮線區間車，改到新左營站折返；部分原在高雄站折返的縱貫線區間電車，也延長至屏東站折返。

2009年12月30日改點，原使用小月臺的42班車移轉到第二、三、四月臺，2010年10月新鋪第0股道啟用。

2011年3月起，高雄車站以南邊營運（1A ／ 1B、2A ／ 2B、3A月臺），北邊開挖施工。2012年5月起，改以南邊施工，北邊營運（3B、4A ／ 4B、5A ／ 5B月臺），切換當晚，猶如「換心手術」將心臟從右邊換到左邊，高雄站第一、二、三、四、五月臺徹夜燈火通明，場面甚是壯觀。

北半邊營運的模式，一直維持到2018年10月13日深夜最後一班車駛離為止。

1. 第二月臺上，來高雄就醫的祖孫兩人，準備搭車回家。

1、2. 2012 年 5 月移轉到北半邊站場營運後，開始拆除南半邊的第 1、2、3 月臺。
3. 拓寬後的第一月臺。

4. 2012 年 5 月起，高雄站場改以北側的第 3、4、5 月臺營運。

5. 從南半邊站場轉移到北半邊營運，猶如換心手術一般。切換當晚，高雄車站同時擁有五座月臺的歷史一刻。

6. 北半邊營運階段，由於路線縮減，常見多輛機車排隊等候調度折返。

7、8. 為了疏散第五月臺抵達下車人流，特別設計雙層式通路，直通月臺南端。

9、10. 地面鐵路最後一晚，先將第三月臺圍籬拆除，於是出現上面的
電車緊鄰地下車站的珍貴畫面。

11. 擁擠的第五月臺。
12. 鐵路切換下地前的最後一夜，許多民眾前來與臨時車站道別。

13. 地面上最後的北上列車。

14. 最後的南下列車離開後，高雄市區地面鐵路正式走入歷史。

15

16

15. 700 型電車停靠地面的第三月臺,後面是即將啟用的地下車站天棚。

16. 切換下地前兩天,提前實施新增 7 站的新班表,難得出現電車停在地上高雄站,卻已顯示尚未啟用的民族、科工館新站名。

市公車站

從高雄火車站出來，市公車站就位於右手邊。臨時車站蓋好後，市公車站正好在臨時前站對面。市公車站一直服務到2018年2月7日午夜，配合前站地下站體開挖施工，封閉拆除。原有各路線站牌分散至建國三路、中山一路運河旁等臨時站位，待2025年再回到新高雄車站西側天棚下方營運。

1

2

1、2. 市公車站。

2. 市公車路線與價格。

3. 市公車站候車區。

3

4

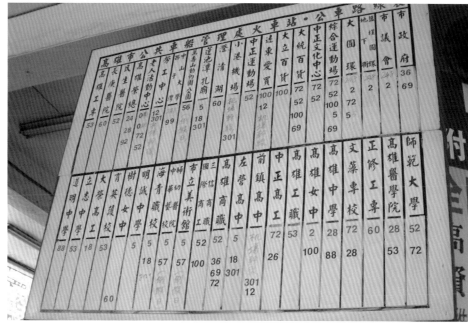

國道客運站

臺灣省公路局的時代，出了火車站，「高雄東站」即在左手邊。早期的高雄東站在南華路上，長明街派出所旁，後來作為高雄客運，它的特色是大客車必須開進站內，讓乘客上車，再倒車折返出來。

臺灣汽車客運公司時代的高雄東站，位於建國二路上，南華路西側。全盛時期，每20分鐘即有一班高雄往臺北的國光號開出，過年過節，返鄉旅客擠滿了車站。2001年臺汽客運民營化，改組為國光客運。2002年帝冠式車站遷移至高雄東站後方暫置，2005年拆除東站建築，改址南華路東側新建站房，使用至2021年3月站西路啟用，南華路封閉為止。臨時站址位於中山一路／河北路口。

其他諸如統聯、灰狗、中南、阿羅哈、和欣等國道客運，則分別租用建國二路店面做為售票及候車室，大客車停靠路邊上下客，長期造成交通混亂。2025年後，所有國道客運將整合至新高雄車站東側天棚下營運。

1. 國道客運站。

2. 建國二路騎樓，琳瑯滿目的客運車攬客招牌。

3. 高速公路通車後，「野雞」遊覽車及後來新成立的
   國道客運公司都只能在建國二路停靠上下客。

4. 高雄客運高雄車站。

5. 南華路上的高雄客運高雄車站，站體仍是省公路局高雄東站時期的建築。

6. 高雄客運候車室

7. 國光客運高雄車站候車大廳與乘車月臺

8. 從南華路西側遷來東側的國光客運高雄車站

9. 南迴鐵路電氣化施工期間，夜間停駛火車，改以公路客運替駛。

Railway Workshop ·
Railway New Village

Chaper. 8

機檢段、鐵路新村

1. 忠孝路頭的機務段辦公室。

　　1941年高雄新驛啟用時，位於東側（大港段494號）的「東高雄機關庫」也開始運作，負責縱貫線南段的機關士派遣，及蒸汽機關車維修保養工作。1948年改稱臺灣鐵路管理局高雄機務段，配置有機關車33輛。

　　1978年6月配合鐵路電氣化工程，高雄站場大幅度改建，機務段由北邊搬至南邊（舊高雄材料廠，長明街174號）。建有機務段大樓、維修廠房、轉車臺、遷車臺、柴油圓槽、儲砂槽、洗車線、柴聯車庫、救險吊車庫等設施。

　　2010～2012年間，配合高雄車站列車疏散方案及站場三階段分邊營運，機務段機車出入庫路線也配合多次切換調整。2015年10月14日，是機務段的惜別感恩儀式，安排各式機車排列鳴笛，所有機車、救險吊車及設備移動至潮州車輛基地。

9. 機務段東邊的 DMU 柴聯車庫。

12. 從機務段辦公室往東看。

13. 電力機車在機務段廠房內進行維修。

14

15

16

14. 轉轍工休息小
屋及雨棚。

15. 高雄機務段轉
車盤。

16. 機務段兩座
大型油槽拆除
後，暫時以油
罐車，作為柴
電機車加油的
儲油槽。

17. 機務段路線配合高雄站第三階段切換，新鋪一條機車調車線到中博高架橋下。

18. 高雄機務段即將搬遷至潮州基地，於是將各式各樣的機車、搶修車、大吊車掛在
    一起，離開高雄。

19. 機務段在高雄的最後一天，別開生面的再會歡送儀式。

　　1978年6月配合鐵路電氣化工程，高雄機務段由北邊搬到南邊，騰空後的位址，則作為高雄檢車段，負責保養維修沒有動力的莒光號、復興號、對號快、普通車廂，也是高雄站始發列車的停留線和洗車線，通常高雄站發車前半小時，車廂就先預冷，再由調車機拉到月臺，等候旅客上車。出庫的機車，也是由機務段出庫，經1股機迴線，到雄中圍牆邊轉線，與北上列車連結待開。

　　檢車段除了無動力客車的維修廠棚外，自強號電聯車車庫也安排在檢車段這邊，這些廠房，及洗車線的特色，因為要容納整列車，長度都很長，股道數量也較多。

　　檢車段大樓及正門位於民族陸橋下，北邊的圓型高架鐵製水塔，畫上大大的局徽，是民族陸橋明顯的地標。檢車段靠鐵路側，尚保留日本時代的木造平房及大榕樹，隨著2015年10月搬遷潮州後，開始拆除整地開路，作為「71期市地重劃區」的商業區及綠園道用地。

3

4

3. 洗車線。

5. 神秘的總統花車，駐蹕高雄檢車段隱密的角落過夜，翌日一早再進臨港線高雄機廠。

6. 左：E1000 型推拉式自強號，右：EMU1200 型自強號電聯車。

13. 由拆除中的檢車段，北往南看，莒光號正從高雄站開出，經過鐵路新村。

14. 從靠近民族陸橋的檢車段辦公室舊址，西眺整個檢車段廠房及路線遺跡。

15. 由南往北看，一列普悠瑪經過鐵路新村及檢車段遺址。

鐵路新村

鐵路新村也是高雄新驛1941年啟用時，同時興建完成的鐵道部宿舍區，方格狀的街道，規劃出井然有序的木造宿舍，高雄運務段、機務段、工務段長宿舍均集中於此。1945年8月，二次世界大戰美軍對臺灣的最後一次轟炸，彈著點也在這裡。

戰後，這裡改稱為鐵路新村，或港北社區，並增建行車人員寄宿舍、鐵路員工食堂、俱樂部等現代形式建築。整個鐵路新村遍植大樹，街道兩旁是木造宿舍圍牆，散發濃濃的眷村味道。大港街「榕樹下」、「樹仔下」、「嘉珍」三家客家菜，經常門庭若市，為寂靜的鐵路新村帶來熱鬧的氣息。早上與傍晚時分，往返臨港線高雄機廠及高雄港站的員工通勤列車，也會短暫停靠「新村」站，方便員工上下車。

2000年代之後，臺鐵開始執行收回宿舍政策，鐵路新村宿舍群也陸續拆除。未來將以「臺鐵站東宿舍8,386坪基地都更案」，串聯周邊長明街、建國路商圈、北鄰第71期重劃區，提供複合型商業及生活居住空間。

1. 鐵路新村大港街

2

5. 從行車人員寄宿舍望向鐵路新村大港街、機務段、隧道材料投入口，左前方是高雄帝冠式車站切割下來的保存牆體，後面是即將拆除的「榕樹下」客家菜小館。

6. 尚未拓寬及連通自由路前，狹窄的復興一路／長明街口。

7. 民族陸橋西側的臨時軌，旁邊的「鐵路媽祖」尚未拆除，遠景為鐵路新村及機務段。目前已是綠園道。

從東往西看，即將進入高雄車站。左邊是高雄機務段，中間兩條鐵路是屏東線，右邊是調車場。拍攝的地點，是現在已經接通的復興路／自由路。

從民族陸橋檢車段辦公室，往西眺望。左邊是鐵路新村、開往高雄機廠的臨港線列車、中間是拆除檢車段廠區後，正在開發施工的綠園道及 71 期重劃區。

覺民路

大順三路

九如一路

教仁路

鐵道一街

123 **1~6**
科工館車站 **大順陸橋**

樂喜街

大順三路

鍛門嶺

樂喜街

Minzu Station-Science And Technology Museum Station

Chaper. 9

民族、科工館

1 ▎ 1. 從檢車段辦公室往南看，民族路地下道仍在使用中。

橋面寬闊，長度又長的民族陸橋，北起九如路，跨越民族社區、屏東線、臨港線、凱旋路、建國路、二號運河，南迄八德路，是高雄市重要的南北交通幹道。前身為日本時代的高雄陸橋，西側曾有「油管架」跨越鐵路，1977年改建延長為現今的民族陸橋。

2011年1月，配合鐵路地下化施工需要，廢止東西兩側機車地下道，改建臨時機車鋼便橋。

原本規劃鐵路地下化後，拆除民族陸橋，恢復平面通行，但因當初陸橋興建時，並未徵收橋下私人土地，若拆橋改為平面道路，還要先付數億元購地，因此暫且維持陸橋不作變動。只於2020年11月拆除機車鋼便橋，拓寬兩側平面路段，銜接綠園道。

2. 從民族社區望向民族陸橋。這時候鐵路已經下地，但民族路及鐵道二街尚未打通，機車便橋也還在使用。

3. 民族陸橋西南側，民族路地面道路被鐵路阻隔，尚未打通。
4. 即將停用的民族路機車便橋（東側）。

民族車站是鐵路地下化新增通勤車站，位於民族陸橋東側，北鄰民族社區，南臨凱旋一路。

數十年來，民族陸橋下方有許多管線穿越鐵路，其中最大的是直徑2.8公尺的汙水幹管，為此，鐵路隧道必須從其下方穿過，使得民族車站成為高雄市區地下鐵路的最低點，軌面高程「負16公尺」。從地面下到穿堂層的電扶梯，也是所有車站中下降最深的。

1

2

1. 民族陸橋。為了開挖地下隧道，必須以調整線型的臨時軌維持列車營運。

2. 光華號通過民族社區，此處現已為民族車站出入口。

3. 下行莒光號從興建中的民族車站旁通過。

4. EMU1200 型自強號緊鄰興建中的民族車站出入口電扶梯，快速通過。

東臨港線

　　1937年的新高雄市都市計畫中，除了將高雄驛東遷，另於現址設新驛、機關庫、及鐵道官舍群外，也規劃了環繞大高雄市外圍的臨港線鐵路。二戰結束前，臨港線東段，沿著今日凱旋路的部分已經完成。

　　隨著1950年代獅甲、草衙一帶工廠紛紛設立，1960年代中島擴建區及貨櫃中心的建設，1970年代啟用高雄鐵路機廠及前鎮車場，1979年鐵路電氣化至前鎮，東臨港線每天運送著大量的貨物，經高雄站，繼續北上。

　　東臨港線在今民族站現址，開始與屏東線平行，一起進入高雄站。2011年5月起，配合地下化施工，高雄站內的臨港線路段拆除，在站外的屏東線新設一組道岔，臨港線直接岔入西正線，使得高雄站南端的進站號誌機，也改設於此。算一算，從自立陸橋的北端進站號誌機，到民族陸橋的南端進站號誌機，所定義的「站內」範圍，竟長達3公里！ 這時，高雄站成了全臺灣控制範圍最遠的車站。

　　2018年9月28日，東臨港線開出最後的機廠員工下班車後，10月14日與高雄市區地面鐵路，一起走入歷史。

1. 民族社區旁，從東往西看，遠方是民族陸橋。左邊的臨港線直接銜接屏東線，於是高雄站上行進站號誌機移設至此，使高雄車站成為遠達三公里的全國最長車站。

2. 從高雄機廠開來的臨港線列車，即將匯入屏東線，進入高雄站。臨港線與屏東線包夾的三角空地，鐵路拆除後，已另建社會住宅大樓。

科工館站也是鐵路地下化新增通勤車站，與民族站的設計相似，而且距離只有一公里。位於國立科學工藝博物館南館與大順陸橋之間，原計畫站名「大順」，後配合館方建議定名科工館車站。

原本2006年核定的高雄市區鐵路地下化計畫，南至正義路為止，所以過了科工館站，就要上坡回到地面，此處也預留了未來延伸鳳山的開口。但為了有效解決鳳山車站交通困境及都市發展，並考慮將來高雄機檢段遷至潮州後，將有更多列車通過鳳山地區，於是研擬「延伸鳳山計畫」，2010年核定，確定將地下化南端，延伸約4.28公里，通過鳳山站，至大智陸橋止。

① ②

③

1. 尚未動工前的大順路段屏東線鐵路。這一段的路權寬度，是日本時代都市計畫就留下來的遠見。

2. 從東往西看，自強號柴聯車正通過興建中的科工館站出入口。

3. 區間電車從興建中的科工館車站旁經過。

大順陸橋

　　大順三路是連結鐵路兩側，九如一路與建國一路的重要孔道，交通流量相當大。原本的大順路是平交道，1975年10月改建為大順陸橋，橋下有大順三路316巷可以連通兩側，2018年10月鐵路下地營運後，2019年3月，以四天的時間拆除橋體，4月8日恢復平面道路通行。2023年環狀輕軌最後一段將走在平面的大順路上，在原大順陸橋舊址，轉乘臺鐵科工館站。

1. 大順陸橋東側，一列開往高雄的莒光號，走在將要拆除，興建隧道的路線上，右邊是即將切換啟用的臨時軌。

2. 從大順陸橋上往東看。左邊兩線是臨時軌，右邊是舊線。

3. 大順陸橋下，舊鐵軌拆除後，開始進行隧道連續壁開挖施工。

4. 大順陸橋上風景。

5、6. 大順陸橋下兩旁的鄰里生活。

Zhengyi Station-
Fongshan Station

Chaper. **10**

正義、鳳山

高速公路橋

南北高速公路（國道1號）為了跨越屏東線鐵路，1976年興建一座預力混凝土橋樑，當時鐵路兩側只有幾間透天厝，放眼望去還是一片稻田，阻擋東向視野的高速公路路堤，及跨越鐵路的橋樑，成了寶獅一帶最明顯的地景。

由於高速公路路幅寬達八十公尺，坐火車經過這座橋下時，持續幾秒鐘的暗影，總讓人有穿越隧道的錯覺。

即使火車已經下地運行，地面鐵路拆除改作綠園道，高速公路橋也永遠長存，屹立不搖。

1

正義路平交道

　　南北高速公路（國道1號）為了跨越屏東線鐵路，1976年興建一座預力混凝土橋樑，當時鐵路兩側只有幾間透天厝，放眼望去還是一片稻田，阻擋東向視野的高速公路路堤，及跨越鐵路的橋樑，成了寶獅一帶最明顯的地景。

　　由於高速公路路幅寬達八十公尺，坐火車經過這座橋下時，持續幾秒鐘的暗影，總讓人有穿越隧道的錯覺。

　　即使火車已經下地運行，地面鐵路拆除改作綠園道，高速公路橋也永遠長存，屹立不搖。

1

3

2

1. 正義路平交道
2. 正義路平交道地上列車最後身影
3. 剛啟用的正義車站前。火車已經下地，早晨的正義路一樣繁忙，但平交道警鈴已成絕響。

正義車站

正義車站就在正義路平交道旁，鄰近水源路、澄清路、赤山地區與鳳山行政中心（前高雄縣政府），人口相當密集，是高雄市區鐵路地下化後，八座捷運化車站中，每日上下車人數最多的一站。

正義車站也是2010年核定延伸鳳山計畫後，才追加興建的車站，所以和其他捷運化車站不同，月臺兩端未設計延伸空間，可用長度只有180公尺，僅能停靠8輛電車。

1. 從火車望向東南側地下鐵路隧道施工現場
2. 由東往西看，正義車站出入口尚未成形，電扶梯已經安裝。一列載著裝甲車的火車正通過正義路平交道。
3. 鐵路地下化通車啟用前夕，正義車站施工圍籬終於撤除。

澄清路是串聯衛武營、縣政府、鳳山、赤山、鳥松、澄清湖的重要幹道,車流量大,1977年興建跨越鐵路的自強陸橋。

2019年4月開始拆除,5月恢復澄清路平面通行。

1. 上行復興號正穿越自強陸橋下方,北側新舖兩軌為臨時軌。

青年路鋼便橋

　　貫穿鳳山市區南北兩側的青年路車行地下道，配合鐵路地下化施工，2014年10月起封閉停用，改建鋼便橋，2015年8月啟用。鐵路地下化後，2019年2月拆橋，3月改為平面道路通行。

1. 上行復興號正穿越自強陸橋下方，北側新舖兩軌為臨時軌。

鳳山車站

1907年打狗至九曲堂間的「鳳山支線」時，即設「鳳山停車場」。1909年鳳山、林子邊（今林園）間糖鐵「林園線」，及鳳山、小港間糖鐵「小港線」均以鳳山驛為起點站，但兩線因分屬不同製糖會社，各以鳳山東站、鳳山西站營運，甚至兩線也未能接軌。1954年臺糖公司將兩線合併為「港林線」，取消西站，以東站作為臺糖鐵路鳳山站。

臺鐵鳳山站歷經數次改建，最後一次是配合鳳山、屏東雙軌化工程而建，1990年12月啟用。1995年5月高雄、鳳山間也完成電氣化。

配合鐵路地下化施工，2014年拆除鳳山站北側倉庫，改建兩座島式月臺、四條股道、及人行天橋，作為臨時站場；並在原糖鐵鳳山東站遺址，另建一層的臨時車站，6月22日切換啟用，鳳山舊站及月臺路線則停用拆除。

2018年10月14日跟著鐵路地下化同時啟用的鳳山車站，先只有一樓站體及地下停車場，後續再於其上增建兩棟整合辦公及生活百業的開發大樓，外觀設計融入鳳山古城及鳳儀書院意象，2023年底完工啟用。

1. 動工前的鳳山車站，前方為糖鐵車站用地，尚未開發。
2. 動工前的鳳山車站月臺。

 3. 鳳山車站切換當晚，即將功成身退的舊站房，與即將啟用的臨時車站燈火通明。

4. 切換到臨時車站前夕，許多民眾趕來與舊車站及月臺道別。

6. 鳳山臨時站房，原址為
   糖鐵鳳山站。

7. 舊站拆除後，興建地下
   新車站月臺層及站體。
   火車改走臨時車站。

8. 鳳山車站臨時月臺。

9. 原來的鳳山車站月臺，
   鐵軌已經拆除完畢。

10. 火車已經下地，左邊
    的新車站啟用，鳳山
    臨時站地面月臺及軌
    道也開始拆除。

鳳松路平交道

鳳松路是鳳山古城北門來往鳥松的古道，又名中正路，曾是鳳山唯一的平交道。交通流量非常大，派有看柵工駐守，是少見的第一種平交道。由於鳳松路平交道就位於鳳山車站站內，東側維新陸橋下緊接半徑僅有400米的急曲線，上行列車接近時，視距不足以反應，常常發生平交道死傷事故，因此特別規定上行限速30公里，也是臺鐵幹線上的孤例。

1. 緊鄰鳳山車站東側，交通非常繁忙的鳳松路（中正路）平交道。

維新陸橋

陸興

　　1972年啟用的維新陸橋，為鳳林公路（今臺25線，經武路）跨越鐵路的陸橋。據傳某次蔣介石總統前往陸軍官校視察，車隊行經鳳松路平交道，遇大塞車延誤行程，於是下令闢建一條替代道路，也就是維新陸橋。這樣的說法或許真實，因為高雄縣市與鐵路立體交叉的各座陸橋、地下道，作為替代道路的維新陸橋最早興建，反而其他交通流量更大的平交道，1970年代中期之後才陸續改建為陸橋。鐵路地下化後，2019年10月底開始拆橋，12月底開放經武路中央部分平面通行，2020年原橋段完成平面道路。

1
2

　　1. 維新陸橋（經武路）下的違章建築。
　　2. 即將進入鳳山車站的大彎道。

糖鐵跨線橋遺跡

從鳥松開往鳳山的臺糖鐵路，也是臺中到高雄的「南北平行預備線」的一部分。為了跨越鳳山車站東邊的鐵路，過了北門公園，從鳳仁路開始爬坡，經過一座跨線橋，再降至地面，沿著鳳山博愛路抵達糖鐵鳳山站場（昔臺鐵鳳山站前東側停車場）。

鳥松線的鳳山跨線橋，於1995年臺鐵電氣化時因淨空不足拆除，只剩南北兩座橋臺。2018年10月鐵路改走地下隧道，小丘上的墳墓已經遷走，但橋臺仍然保留，未做更動。

南引道口

高雄市區鐵路地下化從左營到鳳山約15公里，南端隧道口位於鳳山北門里，藉著一段上坡引道，在大智陸橋（臺1線）西邊爬出地面。由於當地民意一直希望鐵路地下化繼續延伸至後庄，所以現在隧道南端接近出口的地方，特地隧道內預留一段分岔的喇叭口，連續壁牆面上預留一處大開口，做為下一階段往東延伸的接軌處。

| 1. 鳳山車站東段，右邊神秘的牆面，是下一階段隧道東延的預留開口。

┃ 2. 鳳山端引道口，左為昔日地面鐵路列車，遠方為大智陸橋。

鐵路騰空路廊自新左營車站以南至鳳山計畫區，長度約 15.37 公里、面積 71.3 公頃，連結車站共 10 站。照片為青年路二段以西，鳳山計畫綠園道。

高雄車站地下化重要大事記

年	日	記事
2000 年（民國 89 年）	8 月	交通部地下鐵路工程處研提「高雄車站配合捷運紅線 R11 站預訂時程調整施工方案」，優先進行臺鐵臨時車站、帝冠式車站遷移、中博臨時高架橋、捷運紅線隧道及 R11 臨時站等工程。
2002 年（民國 91 年）	3 月 27 日	高雄帝冠式車站發出最後一班列車，3 月 28 日啟用臨時前後站。
2002 年（民國 91 年）	8 月 29 日	高雄帝冠式車站建築往東南遷移 82 公尺，暫時坐落臺汽高雄東站後方，2003 年 8 月開放為高雄願景館。
2003 年（民國 92 年）	5 月 5 日	跨越高雄車站的中博臨時高架橋通車啟用。
2006 年（民國 95 年）	1 月 19 日	行政院核定「臺鐵捷運化 - 高雄市區鐵路地下化工程」，長約 9.75 公里。
2006 年（民國 95 年）	10 月 29 日	行政院長蘇貞昌主持高雄市區鐵路地下化工程開工典禮。
2008 年（民國 97 年）	3 月 9 日	捷運紅線 R11 高雄車站臨時站通車啟用。
2009 年（民國 98 年）	2 月 16 日	行政院正式核定「高雄市區鐵路地下化延伸左營計畫」。
2009 年（民國 98 年）	6 月 26 日	「高雄鐵路地下化愛河段工程」開工典禮。
2010 年（民國 99 年）	12 月 16 日	行政院核定「高雄鐵路地下化延伸鳳山計畫」，由左營大中二路至鳳山大智陸橋間長約 15.37 公里，全線一次地下化。
2011 年（民國 100 年）	3 月 10 日	愛河臨時鐵路橋切換啟用，舊愛河鐵路橋拆除。
2011 年（民國 100 年）	3 月 19 日	高雄車站縮減規模，以南邊營運（1A/1B、2A/2B、3A 月臺），北邊開挖施工。
2012 年（民國 101 年）	5 月 27 日	高雄車站改以南邊施工，北邊營運（3B、4A/4B、5A/5B 月臺）。
2013 年（民國 102 年）	3 月 19 日	左營臨時車站啟用，舊站拆除。
2013 年（民國 102 年）	11 月 2 日	帝冠式車站建築改作「高雄鐵路地下化展示館」。
2014 年（民國 103 年）	6 月 22 日	鳳山臨時車站啟用，舊站拆除。

年	日	記事
2014 年（民國 103 年）	11 月 29 日	捷運高雄車站北側隧道，從臨時曲線切換到永久直線。
2015 年（民國 104 年）	10 月 14 日	高雄機務段、高雄檢車段全部遷至潮州，站場路線拆除，作為第 71 期重劃區。
2018 年（民國 107 年）	2 月 7 日	高雄火車站前公車站最後一夜。
2018 年（民國 107 年）	9 月 5 日	捷運高雄臨時車站 9 月 4 日功成身退，9 月 5 日與臺鐵高雄地下車站共構的 U-4 層新月臺啟用。
2018 年（民國 107 年）	9 月 28 日	東臨港線開出最後的高雄機廠員工下班車，路線拆除改做輕軌用地。
2018 年（民國 107 年）	10 月 14 日	鐵路地下化第一階段完工切換通車，同時啟用左營（舊城）、內惟、美術館、鼓山、三塊厝、高雄、民族、科工館、正義、鳳山等地下化車站。
2019 年（民國 108 年）	2 月 16 日	拆除第一座跨越鐵路的青海陸橋，後陸續拆除青年、自立、大順、自強及河西一路、市中一路等涵洞。
2019 年（民國 108 年）	10 月 18 日	鳳山車站曹公路銜接文衡路開放通行。
2020 年（民國 109 年）	4 月 30 日	高雄車站復興路／自由路銜接開放通行。6 月 4 日左營車站勝利路／新莊一路銜接通車。
2021 年（民國 110 年）	2 月 28 日	拆除中博臨時高架橋，3 月 8 日高雄車站站西路通車。
2021 年（民國 110 年）	8 月 31 日	拆除後的鐵路路廊，設置綠園道正式完工，增添綠園道市容景觀，設置有 29 個主題創意彩繪畫作，亦包含「愛河景觀橋」等景觀步道。
2021 年（民國 110 年）	9 月 26 日	高雄火車站帝冠式建築，在蔡英文總統、陳其邁市長的見證下，完成第二次遷移，返回城市中軸線上的永久座標。
2022 年（民國 111 年）	10 月 29 日	高雄車站站東路通車啟用。

國家圖書館出版品預行編目（CIP）資料

新驛境．鐵道記憶：高雄車站遷移及鐵路地下
化紀念影像集 / 謝明勳著 .-- 初版 .-- 高雄市：
行政法人高雄市立歷史博物館；臺中市：晨星
出版有限公司 , 2022.11
　　面； 公分 .--〔高雄文史采風；第 23 種〕
ISBN 978-626-7171-12-7(平裝)

1.CST: 鐵路史 2.CST: 鐵路車站 3.CST: 鐵路工程
4.CST: 高雄市
557.2633　　　　　　　　　　　　111015347

高雄文史采風第 23 種

新驛境．鐵道記憶
── 高雄車站遷移及鐵路地下化紀念影像集

作　　　者	謝明勳
發 行 人	李旭騏
策 劃 督 導	王舒瑩
策 劃 執 行	莊建華
審 查 委 員	王御風、張曉旻、鍾宛君

指 導 單 位	文化部、高雄市政府文化局
出 版 單 位	行政法人高雄市立歷史博物館
	地址／ 803 高雄市鹽埕區中正四路 272 號
	電話／ 07-531-2560
	傳真／ 07-531-5861
	網址／ http://www.khm.org.tw
共 同 出 版	晨星出版有限公司
	地址／ 407 臺中市工業區 30 路 1 號
	電話／ 04-2359-5820
	傳真／ 04-2355-0581
	網址／ http://www.morningstar.com.tw
	郵政劃撥 ／ 22326758 （晨星出版有限公司）
	法律顧問 ／陳思成律師
	登記證／新聞局版臺業字第 2500 號

主　　　編	徐惠雅
執 行 編 輯	胡文青
校　　　對	謝明勳、黃怡瑄、胡文青
美 術 編 輯	李岱玲
封 面 設 計	張蘊方

出 版 日 期	2022 年 11 月初版一刷
定　　　價	新臺幣 580 元整

I　S　B　N	987-626-7171-12-7
G　P　N	1011101405

本書受文化部「111 年書寫城市歷史核心－地方文化館提升計畫」經費補助出版
Printed in Taiwan